Lebensfreude

Eine Anleitung zur Leichtigkeit des Daseins

Lebensfreude
Eine Anleitung zur Leichtigkeit des Daseins

Erscheint als Edition Hirschi + Troxler bei Pendo

ISBN 3-85842-554-0

Gedruckt in der Schweiz

Die Autoren weisen ausdrücklich darauf hin, dass die Anwendung aller in diesem Buch beschriebenen Übungen und Techniken ärztliche Betreuung, Rat oder Anweisungen nicht ersetzen kann und auch keine Form von medizinischer Behandlung darstellt. Es ist die Absicht der Autoren, mit diesem Buch Informationen zu vermitteln, die in allgemeiner Form zur Unterstützung von ärztlichen Maßnahmen beitragen. Falls Informationen aus diesem Buch für sich selbst oder für andere angewendet werden, so übernehmen die Autoren, die Edition und der Verlag keinerlei Verantwortung oder Haftung für allfällige Folgen.

Frédéric Hirschi und Werner Troxler

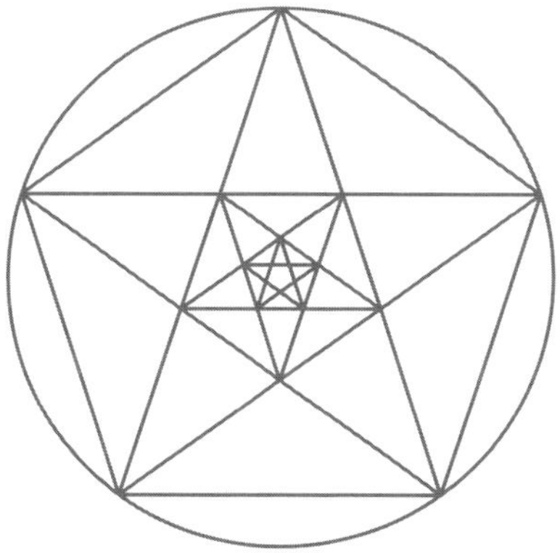

Lebensfreude

Eine Anleitung zur Leichtigkeit des Daseins

Pendo

Inhaltsverzeichnis

Wir sehen die Dinge nicht, wie sie sind, wir sehen sie so, wie wir sind.

Anaïs Nin

Einleitung

Wie leicht fällt es Ihnen, am Morgen beschwingt aufzustehen und sich auf den kommenden Tag zu freuen? Was erfüllt Sie immer wieder mit tiefer Freude? Welche Momente in Ihrem Leben genießen Sie besonders? So einfach die Fragen sind, so schwer fällt es vielen Menschen, eine positive Antwort darauf zu geben, weil ihnen im Lauf des Lebens ein gutes Stück Lebensfreude abhanden gekommen ist. Es mag an der heutigen, bedrohlich erscheinenden Zeit liegen, die uns viel von der Freude nimmt, oder vielleicht sind es persönliche Erlebnisse, die einen Schatten auf unsere Seele legen. *Aber was das Leben lebenswert macht, ist die Fähigkeit, sich am Leben, so wie es ist, mit allen seinen Facetten zu erfreuen.*

Wir selbst bestimmen, ob wir positiven und konstruktiven Vorstellungen Raum lassen wollen oder ob uns pessimistisches Denken beherrscht und die Welt uns grau erscheint. Unsere Art, die Welt zu sehen und sie wahrzunehmen, entscheidet darüber, was wir als Glück oder Unglück empfinden. Darum liegt das Geheimnis der Lebensfreude in uns selbst.
Das gibt uns die Möglichkeit, durch die Veränderung unserer Gedanken und Betrachtungsweisen unsere Gefühle und Empfindungen positiv zu beeinflussen. Die Leichtigkeit des Daseins zu leben, kann deshalb erlernt und entwickelt werden.

Nicht dass es einfach wäre. Es gibt Situationen, die sind schwierig und bedrückend. Und Gefühle lassen sich nicht auf Knopfdruck ein- oder ausschalten. Deshalb benötigt das Wiedergewinnen von Lebensfreude Zeit und Übung. Aber dieser Prozess – bewusst angegangen – führt zum Ziel. Bereits die Entscheidung, sich auf diesen Weg zu begeben, ist ein erster Schritt, der beschwingtes und lebensfrohes Denken und Fühlen nährt.

Dieses Buch soll Sie ermutigen, den Weg für mehr Lebensfreude und damit auch Lebensqualität konsequent zu gehen, selbst wenn er manchmal lang und beschwerlich erscheint. Es soll Ihnen zudem helfen, Lebensfreude zu Ihrem Lebenskonzept werden zu lassen. Sie finden darum viele konkrete Hinweise, zum Beispiel wie Sie Lebensängste in Lebensfreude umwandeln. Sie erfahren, wie die vier Eigenschaften Liebe, Vertrauen, Tun und das Leben zu genießen Ihre Lebensfreude tief greifend positiv beeinflussen. Zudem entdecken Sie, wie Sie sich Ihre Lebensfreude erhalten und Ihre Lebensqualität ausbauen.

Die wahre Lebenskunst besteht darin, im Alltäglichen das Wunderbare zu sehen.

John Sledges

Standortbestimmung

Die nachfolgenden Aussagen geben Ihnen Gelegenheit, im Sinne einer Standortbestimmung zu überprüfen, wie es mit Ihrer Lebensfreude zurzeit steht.

	Ja	*Nein*
• Freuen Sie sich morgens auf den neuen Tag?		
• Finden Sie Ihr Leben schön und spannend?		
• Nehmen Sie sich die Muße, die kleinen Schönheiten im Alltag zu entdecken?		
• Gibt es etwas in Ihrem Leben, wofür Sie von Herzen dankbar sind?		
• Lieben Sie jemanden von ganzem Herzen?		
• Lachen Sie viel und oft?		

	Ja	*Nein*
• Lieben Sie es, andere Menschen für etwas zu begeistern?		
• Erfüllen Sie die Aufgaben, die Sie hauptsächlich zu leisten haben, gern und mit ganzem Einsatz?		
• Glauben Sie, dass das Schicksal es gut mit Ihnen meint?		
• Sind Sie neugierig und lernwillig?		

Auswertung Standortbestimmung

Wenn Sie 9- bis 10-mal mit „Ja" geantwortet haben:
Herzliche Gratulation, wenn Sie so vielen dieser Aussagen voll und ganz zustimmen konnten und dies Ihrem üblichen Verhalten entspricht! Sie sind erfüllt von Lebensfreude und es macht große Freude, in Ihrer Umgebung leben zu dürfen.

Wenn Sie 6- bis 8-mal mit „Ja" geantwortet haben:
Um Ihre Lebensfreude ist es prinzipiell gut bestellt. Allerdings ist sie in gewissen Teilen noch nicht ganz entfaltet. Die Übungen in diesem Buch können Ihnen helfen, Ihre Lebensfreude fest in Ihrem Leben zu verankern.

Wenn Sie 0- bis 5-mal mit „Ja" geantwortet haben:
Die geringe Anzahl der Zustimmungen weist darauf hin, dass Ihre Lebensfreude zurzeit unter einer Eisdecke liegt. Die Übungen in diesem Buch können Ihnen helfen, Ihre Lebensfreude wieder aufblühen zu lassen.

Ich schlief und träumte, das Leben sei Freude.

Ich erwachte und sah, das Leben war Pflicht.

Ich handelte und siehe, das Leben war Freude.

Ravindranath Tagore

Wie Sie den größten Nutzen aus diesem Buch ziehen

Dieses Buch ist eine Anleitung, die Ihnen helfen kann, der Freude am Leben wieder Flügel zu verleihen, sie zu nähren und zu stärken. Sie finden darin konkrete Hilfen und Übungen. Sie erzielen die besten Resultate für sich selbst, wenn Sie die nachstehenden Punkte beachten:

- Nehmen Sie sich Zeit. Es wäre schade und wenig wirkungsvoll, wenn Sie die Fragen und Übungen zu schnell durcharbeiten würden.

- Suchen Sie sich einen ruhigen und ungestörten Platz, wo Sie sich wohl fühlen und es sich bequem machen können.

- Legen Sie Schreibzeug und Papier bereit. Einige Fragen fordern Sie auf, Überlegungen aufzuschreiben, damit Sie Ihre Antworten festhalten und später besser überprüfen können. Zudem fördert die schriftliche Fixierung die Klarheit Ihrer Aussagen.

- Nehmen Sie sich immer nur ein Kapitel oder eine einzelne Übung auf einmal vor.

- Es lohnt sich, die Fragen genau zu lesen, damit Sie deren Sinn voll und ganz verstehen.

- Beantworten Sie bitte jede Frage ehrlich und aufrichtig. Suchen Sie keine raschen Antworten. Horchen Sie in sich hinein: Stimmt Ihre Antwort mit Ihrer inneren Stimme überein?

- Wenn Sie im Moment keine gültige Antwort wissen, ist das auch kein Unglück. Ihr Unterbewusstsein braucht einfach noch ein bisschen Zeit. Vielleicht hilft es, wenn Sie die Augen schließen, die Frage langsam wiederholen und ohne zu drängen auf Ihre innere Stimme lauschen.

- Überspringen Sie nichts! Haben Sie Geduld. Es lohnt sich!

- Atmen Sie bei allen Übungen ruhig und rhythmisch.

- Lassen Sie bei Visualisierungsübungen möglichst alle Gedanken los, damit Ihre inneren Bilder aufsteigen können. Achten Sie darauf, dass Sie während dieser Übungen nicht gestört werden.

- Wiederholen Sie die Übungen, bis Sie Fortschritte feststellen.

- Haben Sie Vertrauen in Ihre inneren Kräfte. Das Leben meint es gut mit Ihnen.

Atmen und Visualisieren sind wichtige Teile verschiedener Übungen. Wenn Sie mehr über diese Techniken erfahren möchten, dann finden Sie im Anhang zusätzliche Informationen.

Dass die Vögel der Sorge und des Kummers über deinem Haupte fliegen, kannst du nicht ändern. Aber dass sie Nester in deinem Haar bauen, das kannst du verhindern.

**Chinesisches Sprichwort*

Lebensfreude oder Lebensleid?

Das Leben ist eine fortwährende Auseinandersetzung von zwei entgegengesetzten Kräften, der Lebensfreude und dem Lebensleid. Die Lebensfreude ist schöpferisch, lustbetont, sie beflügelt und beschwingt. Sie erfüllt uns mit Glücksgefühlen und wirkt mit ihrer positiven Energie bis in die letzte Zelle unseres Körpers. Das Leiden am Leben hingegen lähmt unsere Lebensenergie, wirkt bedrückend, macht freudlos und krank.

Im Alltag scheint das Lebensleid oft zu obsiegen, obwohl alle sich danach sehnen, glücklich und unbeschwert zu sein. Doch wenn wir in die Gesichter vieler Menschen schauen, dann fragen wir uns, wo das Strahlen, das Lachen, die sprühende Vitalität geblieben sind. Es scheint, dass im Laufe unseres Lebens die Lebensfreude verschüttet wird, wenn sie nicht bewusst gepflegt und genährt wird.

Die nachfolgenden Zeilen, die dem römischen Kaiser und Philosophen Marc Aurel zugeschrieben werden, drücken diesen Zustand sehr deutlich aus:

Ihr seid so jung wie euer Glaube.
So alt wie eure Zweifel.
So jung wie euer Selbstvertrauen.
So alt wie eure Niedergeschlagenheit.
Ihr werdet jung bleiben, solange ihr aufnahmebereit bleibt:

Empfänglich für das Schöne, Gute und Große;
empfänglich für die Botschaften der Natur,
der Mitmenschen, des Unfasslichen.
Sollte euer Herz geätzt werden von Pessimismus,
zernagt von Zynismus,
dann möge Gott Erbarmen haben mit eurer Seele.

Unsere Lebensfreude hängt davon ab, ob wir offen und lebendig bleiben oder ob wir erstarren und unsere Gefühle verdorren. Darum ist es nötig, dass wir uns mit aller Kraft jedem Gefühl von Aussichtslosigkeit widersetzen. Wir dürfen uns nicht einfach mit einem freudlosen und frustrierenden Leben abfinden. Wenn wir nicht mehr nach einem glücklicheren Leben streben – was bleibt uns dann noch? Resignation darf nicht die Antwort sein. Lebensfreude ist wie eine Pflanze. Sie will gehegt und gepflegt werden, auch und gerade in schwierigen Zeiten. Sie braucht Nahrung und Zuwendung. Nehmen wir uns ihrer an und lassen wir sie gedeihen und blühen!

Atmen Sie sich frei

Situationen, die bei uns Ängste auslösen, schütten im Gehirn Botenstoffe aus, die unser ganzes biologisches System in Bereitschaft und damit in Spannung versetzen. Dies ist eine wichtige Voraussetzung, um sofort angemessen reagieren zu können. Nur werden leider solche Botenstoffe auch freigesetzt, wenn wir an eine entsprechende Situation denken, ohne dass sie tatsächlich eintritt. Diese Spannung lässt uns den Atem anhalten. Wir holen nicht mehr richtig Luft. Unsere Lungen füllen sich nicht mehr komplett. Dadurch werden aber auch die subtilen Schwingungen der Lebensfreude blockiert.

Um diese Spannung abzubauen und den Energiefluss der Lebensfreude wieder zu beleben, ist tiefes und ruhiges Aus- und Einatmen eine zentrale Voraussetzung. Ruhiges, tiefes Atmen versorgt alle unsere Zellen wieder mit genügend Sauerstoff, stärkt dadurch unsere Nervenkraft und lässt die innere Energie wieder frei fließen.

Atmen scheint etwas vom Leichtesten zu sein in unserem Leben. Es ist eines der wenigen Dinge, die wir nicht erlernen müssen. Es bereitet uns normalerweise auch keine Anstrengung. Was kann da also schon falsch sein? Tatsächlich haben wir als Säugling wunderbar geatmet. Bei jedem Atemzug haben sich die Lungenflügel gefüllt, und die Bauchdecke hat sich weich und entspannt gehoben und gesenkt. Bei Erwachsenen ist durch Stress, Hektik und

Anspannung das Atmen meistens flach, und die Luft dringt nur in einen begrenzten Teil der Lungen. Wir können die innere Spannung abbauen, wenn wir wieder lernen, so zu atmen, wie wir es als Kleinkinder taten: gelöst, harmonisch und bis in die tiefsten Spitzen unserer Lungen. Die nachfolgende Übung hilft Ihnen darum, Raum für die beschwingende Energie der Lebensfreude zu schaffen.
Öffnen Sie das Fenster, wenn Sie die Übung durchführen, damit Sie Ihren ganzen Körper wieder mit frischem Sauerstoff versorgen! (Beachten Sie dazu auch den Anhang ab Seite 93.)

Übung:

- Setzen Sie sich gerade auf einen Stuhl. Lassen Sie die Schultern fallen und die Arme seitlich an Ihrem Körper herunterhängen. Stellen Sie die Füße parallel auf den Boden, so dass Sie mit beiden Fußsohlen den Boden spüren.

- Halten Sie den Kopf ganz leicht nach vorne geneigt, so dass Ihre Augen auf einen Punkt etwa vier Meter vor Ihnen auf den Boden gerichtet sind. Schließen Sie die Augen.

- Atmen Sie langsam und aktiv *aus* und hören Sie nicht auf auszuatmen, bis Sie langsam auf drei gezählt haben. Stellen Sie sich vor, dass mit jedem Ausatmen Spannungen aus Körper und Geist weichen.

- Atmen Sie *langsam* und *tief* ein. Achten Sie darauf, dass Sie den Atem frei einströmen lassen und die Luft nicht in die Lungen pressen.

- Atmen Sie langsam wieder aus und zählen Sie dabei auf fünf. Beobachten Sie, wie Ihr Atem ruhig fließt. Lassen Sie dabei die Spannung im Nacken, in den Schultern, in den Armen los und fühlen Sie, wie Sie immer gelöster werden.

- Atmen Sie auf diese Weise zehn Mal aus und ein.

- Öffnen Sie die Augen. Strecken Sie sich. Bewegen Sie kreisförmig Ihre Schultern nach vorne und dann nach hinten.

- Stehen Sie auf und schütteln Sie Ihre Arme und Beine. Dann atmen Sie stehend nochmals zuerst aus und dann ein!

Diese Atemübung können Sie beliebig oft wiederholen. Am besten bei offenem Fenster oder im Freien. Forcieren Sie nichts. Wählen Sie immer einen ruhigen, normalen Rhythmus.

Man muss Freude haben am Leben, sonst muss man sich überlegen, was man falsch macht, und den Mut haben, etwas zu ändern!

Harald
(promovierter Betriebswirtschafter, heute Straßenmusikant aus Leidenschaft)

Wie Sie Ihre Lebensfreude entfalten

Warum gibt es so viele Menschen, die mit ihrem Leben nicht zufrieden sind? Warum schaffen es viele nicht, ihr Leben nachhaltig zu verändern, und hadern stattdessen mit dem Schicksal? Warum lassen so viele Menschen zu, dass ihre Seele verkümmert? Was können wir tun, um Frustration und Resignation zu überwinden und unser Leben wieder mit Beschwingt-Sein und mit der Leichtigkeit des Daseins zu erfüllen?

Die Energien wieder frei fließen lassen

Damit die Lebensfreude neu erweckt werden kann, muss der innere Energiefluss wieder ins Lot gebracht und innere Verkrampfung und Spannungen müssen gelöst werden. Nur dadurch wird eine aktive Veränderung und Gestaltung des eigenen Lebens möglich. Schließlich gewinnt das Leben seine Lebendigkeit zurück, und bald stellt sich auch die Lebensfreude wieder ein.

Um Ihre Energie wieder ins Fließen zu bringen, können Sie die bereits auf Seite 29 vorgestellte Atemübung als Basis verwenden. Tiefes und ruhiges Atmen entspannt den ganzen Körper. Darum werden mit der richtigen Atmung die Energieblockaden im Körper aufgelöst. Zudem erweitern wir die Übung mit einem speziellen Teil zum Energiefluss. (Beachten Sie dazu auch den Anhang ab Seite 93.)

Übung:

- Setzen Sie sich gerade auf einen Stuhl. Lassen Sie die Schultern fallen und die Arme seitlich an Ihrem Körper herunterhängen. Stellen Sie die Füße parallel auf den Boden, so dass Sie mit beiden Fußsohlen den Boden spüren.

- Halten Sie den Kopf ganz leicht nach vorne geneigt, so dass Ihre Augen auf einen Punkt etwa vier Meter vor Ihnen auf den Boden gerichtet sind. Schließen Sie jetzt die Augen.

- Atmen Sie langsam und aktiv aus und hören Sie nicht auf auszuatmen, bis Sie langsam auf drei gezählt haben. Stellen Sie sich vor, dass mit jedem Ausatmen Spannungen aus Körper und Geist weichen.

- Atmen Sie langsam und tief ein. Achten Sie darauf, dass Sie den Atem frei einströmen lassen und die Luft nicht in die Lungen pressen.

- Atmen Sie langsam wieder aus und zählen Sie dabei auf fünf. Beobachten Sie, wie Ihr Atem ruhig fließt. Lassen Sie dabei die Spannung in den Schultern los und fühlen Sie, wie Sie immer gelöster werden.

- Atmen Sie langsam und bewusst und lassen Sie alle Gedanken los.

- Spüren Sie Ihren Atem. Stellen Sie sich bildlich vor, wie die Luft über Ihre Nase in die Lunge strömt und wie sie sich in den Armen, in den Händen ausbreitet. Betrachten Sie Ihren Atem als Energiefluss, wie er in den Bauch strömt, in die Beine und Füße. Lassen Sie den Luftstrom in Ihrem ganzen Körper zirkulieren, führen Sie ihn in Gedanken hinauf in den Kopf, dann hinaus bis in die Fingerspitzen und hinunter zu den Zehen und wieder zurück.

- Öffnen Sie die Augen. Strecken Sie sich. Bewegen Sie kreisförmig Ihre Schultern nach vorne und dann nach hinten.

- Stehen Sie auf und schütteln Sie Ihre Arme und Beine. Dann atmen Sie stehend nochmals zuerst aus und dann ein!

Energie, die in uns fließen kann, löst Freude aus!

William Blake

Beschwingt-Sein erzeugen

Energie, die in unserem Körper frei fließen kann, erzeugt Schwingungen, die uns emotional *be*-schwingen. So ist bekannt, dass regelmäßiges Ausdauertraining nicht nur Herz und Kreislauf stärkt, sondern auch seelisches Wohlbefinden auslöst, weil Endorphine, ein körpereigenes Opiat, freigesetzt werden. Neben diesen sportlichen Aktivitäten gibt es zwei besonders belebende und harmonisierende Möglichkeiten – die seit Urzeiten bei Ritualen und Therapien eingesetzt werden –, die Energien in eine stimulierende Schwingung zu versetzen und damit Lebensfreude zu nähren: Singen und Tanzen.

Lebensfreude durch Singen

Durch Singen, selbst durch Summen schaffen wir Schwingungen, die unseren ganzen Körper durchdringen und Blockaden des inneren Energieflusses auflösen. Zudem vertieft Singen die Atmung. Die Stimme ist das Musikinstrument unserer Seele, durch sie können wir alle unsere Gefühle ausdrücken. Singen macht glücklich und lässt uns unsere eigene Begrenztheit vergessen. Kümmern Sie sich nicht darum, ob Sie eine gute Stimme haben oder nicht: Es ist völlig gleichgültig, ob Sie schön oder richtig singen. Entscheidend ist nur, *dass* Sie singen, summen oder pfeifen, und zwar hemmungslos und von ganzem Herzen. Durch das Singen entdecken Sie nicht nur Ihre ureigene Stimme wieder, sondern spüren auch die Lebendigkeit Ihres Körpers.

Lebensfreude durch Tanzen

Tanz ist so alt wie der Mensch selbst. Tanzen oder einfache Bewegung zu Musik ist eine der wenigen Möglichkeiten, Lebensfreude sowohl zu gewinnen als auch auszudrücken. Tanzen ist Therapie und Spiel in einem, hilft den ganzen Körper zu lockern, aufgestaute Energien loszulassen und die Seele in beschwingte Harmonie zu versetzen. Sie brauchen dafür keinen Partner. Sie können zu Hause oder wo auch immer für sich selbst tanzen. Suchen Sie Musik aus, die Sie berührt und bewegt. Musik, die Sie *fühlen* können. Legen Sie alle Hemmungen ab, trauen Sie sich, sich selbst darzustellen, sich selbst zu öffnen. Sich mit der Musik frei auszudrücken, bietet eine wunderbare Möglichkeit, zu einem seelischen und körperlichen Gleichgewicht zurückzufinden, weil sich über die Bewegung innere Spannungen lösen. Erleben Sie das Tanzen als Lust am eigenen Körpergefühl, als Befreiung von Zwängen und Konflikten. Finden Sie unter den unzähligen Möglichkeiten Ihre ureigene Tanzform als Ausdruck Ihrer Lebensfreude. Denn, um mit Nietzsche zu sprechen: Verloren ist ein Tag, an dem nicht einmal getanzt wurde.

Gehe vertrauensvoll in die Richtung deiner Träume! Führe das Leben, das du dir vorgestellt hast. Wenn du dein Leben vereinfachst, werden auch die Gesetze des Lebens einfacher!

Henry David Thoreau

Wie Sie Ihre Traumrolle leben

Die Unzufriedenheit mit dem eigenen Leben ist – neben der Angst – der zweite große Schatten, der die Lebensfreude verdunkelt. Gemeint ist nicht ein kurzzeitiges Unlustgefühl, das immer wieder mal vorkommt und uns für einen Moment die Lebensfreude vergällen kann. Gemeint ist die fundamentale Unzufriedenheit mit uns und unserem Schicksal, die uns über einen längeren Zeitabschnitt bedrückt.

Eine solche Frustration kann sich in verschiedenen Zuständen wie Langeweile, Unbehagen, Ruhelosigkeit, Orientierungslosigkeit oder Besorgtheit zeigen und mündet letztlich in die Sinnfragen „Wer bin ich?" und „Was soll ich auf dieser Welt?". Dabei muss es uns vordergründig gar nicht schlecht gehen, und wir können dennoch das Gefühl haben, dass sich in unserem Leben etwas grundsätzlich ändern sollte.

Solange wir daran leiden, jedoch nichts dagegen tun, ist diese Unzufriedenheit wie ein langsam wirkendes Gift, und zwar in zweifacher Hinsicht. Zum einen zerstört sie unsere Lebensfreude und färbt unser ganzes Leben grau. Zum andern verändert sie unser Verhältnis zu unserer Umgebung. Wer keine Lebensfreude ausstrahlt, wird bald einmal gemieden, weil der Umgang mit einer solchen Person als unangenehm empfunden wird. Dadurch werden selbst die Beziehungen zu den Menschen belastet, die wir lieben und von denen wir geliebt werden.

Wie lässt sich diese unterschwellige Unzufriedenheit in Lebensfreude verwandeln? Ein Weg dazu ist, die Rolle, die wir auf dieser Welt einnehmen, zu erkennen, sie entweder zu akzeptieren oder zu verändern. Jeder Mensch bekommt immer wieder eine Chance, sein Leben neu auszurichten und es neu zu gestalten. Mal sind es freundschaftliche und liebevolle Hinweise, mal sind es Schicksalsschläge, die zu Umdenken und Neuanfang zwingen. Ich erinnere mich an einen beinamputierten Nachbarn, dessen sprühende Lebensfreude ansteckend wirkte und alle bezauberte. Lachend meinte er: „War ich ein Dummkopf, dass ich zuerst beide Beine verlieren musste, um zu erkennen, wie schön das Leben ist!“

Wir sollten dankbar sein, wenn wir unser Leben gestalten dürfen, ohne vom Schicksal auf schmerzliche Art und Weise dazu gezwungen zu werden. Gestalten bedeutet aber weder kämpfen noch etwas erzwingen wollen. Das Leben gestalten heißt, die uns übertragenen Rollen nicht schicksalsergeben zu erdulden, sondern sie so auszuformen und zu wandeln, dass sie uns entsprechen und wir sie gerne ausfüllen. Jeden Tag können wir damit beginnen, sie zu verändern. Bevor wir sie aber neu gestalten können, sollten wir unsere heutigen Rollen verstehen. Es lohnt sich darum, die wichtigsten Rollen, die wir im Alltag leben, aufzulisten und auf ihre Stimmigkeit zu überprüfen.

Übung:

Nehmen Sie Papier und Schreibzeug zur Hand und notieren Sie Folgendes:

Meine Rollen in der Familie:

Meine Rollen als Partner/Partnerin:

Meine Rollen im Beruf:

Meine Rollen als Freund/Freundin:

Meine Rollen in Gruppen (Vereine, Teams usw.):

Bewerten Sie nun jede Rolle: Kreisen Sie die Rollen ein, die besonders wichtig sind. Welche davon üben Sie gerne aus? Warum? Welche sind Ihnen lästig? Warum?
Streichen Sie die Rollen, die Sie nicht mögen, deutlich durch.

Betrachten Sie nun die Liste: Welche Rolle möchten Sie idealerweise leben? Wie möchten Sie diese Rolle ausfüllen?
Überfordern Sie sich nicht. Schreiben Sie das auf, was Ihnen *Freude* bereitet zu tun und was Sie erfüllen können. Wichtig ist, dass Sie nur das festhalten, was Sie tun und sein *wollen*, nicht was Sie allenfalls glauben, tun oder sein zu *müssen*.

Das ist meine Rolle, die ich in der Familie leben will:

Das ist meine Rolle, die ich als Partner/Partnerin leben will:

Dies ist meine Rolle, die ich im Beruf leben will:

Das ist meine Rolle, die ich als Freund/Freundin leben will:

Das ist meine Rolle, die ich in Gruppen (Vereine/Teams) leben will:

Stellen Sie sich vor Ihrem inneren Auge vor, wie Sie das neue Selbstverständnis Ihrer Rollen im Alltag leben. Spielen Sie eine Rolle nach der anderen durch. Spüren Sie die positive Wirkung, die Sie bei der imaginären Umsetzung Ihres veränderten Verhaltens erfüllt.
Treffen Sie die Entscheidung, sich ab heute so zu verhalten, wie Sie es oben beschrieben und wie Sie sich die Umsetzung des neuen Verhaltens ausgemalt haben.
Wenn Sie den neuen Leitsätzen für Ihre Rollen nachleben, dann werden Sie spüren, welche Qualität Ihr Leben gewinnt und welche Lebensfreude Sie damit auslösen. Bei sich selbst, aber auch bei den Menschen, die mit Ihnen zusammenleben. Fangen Sie heute schon damit an, Ihre Rollen Ihren Vorstellungen entsprechend umzusetzen. Sie werden eine tiefe innere Befriedigung, ja sogar ein Gefühl der Erfüllung erfahren.

Der Unterschied zwischen Glück und Vergnügen besteht darin, dass man sich das Vergnügen selber wählen kann.

Gustav Knuth

Wie Sie Ihre beschwingte Lebensfreude erhalten

In den Ferien können wir uns erholen, weil uns keine Sorgen und kein Alltagsstress plagen. Wir verspüren kaum das Bedürfnis nach Tagesschau und Zeitungen und haben wenig Lust auf reißerische Informationen und schockierende Bilder aus der weiten Welt. Wir leben beschwingt in unserer kleinen Urlaubswelt, lassen die Seele baumeln und genießen das Leben. Warum nicht dieses gute Gefühl in den normalen Alltag übertragen? Warum nicht vermehrt mit der Leichtigkeit des Urlaubsdaseins unserer täglichen Arbeit und unseren Verpflichtungen nachgehen? Warum sind wir wieder so ernst und angespannt? Wo ist die Lockerheit, das Lachen geblieben?
Wir können unser Beschwingt-Sein im Alltag am besten erhalten, wenn wir die drei nachfolgenden, Lebensfreude erhaltenden Prinzipien in unser tägliches Leben integrieren:

1. Den Tag sanft beginnen

Die täglich auf uns einstürmende Informationsflut hat eine belastende Wirkung, weil sie letztendlich mehr Befürchtungen und Ängste als Freuden und Glücksgefühle auslöst. Die mehrheitlich „schlechten Nachrichten" berauben uns unmerklich unserer Lebensenergie. Schlimm daran ist, dass wir die meisten dieser Informationen im Grunde genommen gar nicht benötigen. Sie reizen nur in destruktiver Weise unser Nervensystem und zerstören unsere

Lebensfreude. Weil es jeden normalen Menschen automatisch bedrückt, wenn er von Toten und Verletzten hört, ist es wichtig, bewusster mit der Auswahl von Informationen umzugehen. Besonders frühmorgens nach dem Aufwachen sollten wir für den kommenden Tag als Erstes eine positive Grundstimmung aufbauen und uns für eine gewisse Zeit vor negativen Botschaften schützen. Unsere offene Seele soll den Tag freudig und beschwingt beginnen.

Übung:

- Stehen Sie am Morgen ohne Hektik auf und lassen Sie Stille zu, so dass Sie Ihre Gedanken und Kräfte ordnen und positiv auf den Tag ausrichten können.

- Verzichten Sie in dieser Zeit auf Nachrichtensendungen. Falls Sie Lust haben, hören Sie stattdessen Musik, die Ihnen gut tut.

- Überlegen Sie sich, was Ihnen der bevorstehende Tag an Schönem und Spannendem bringen wird.

- Machen Sie sich Gedanken, wie Sie sich (und anderen) heute eine besondere Freude bereiten könnten.

2. Positiv von andern reden

Eine weitere Unart, die unserer Lebensfreude die Energie entzieht, ist das Herziehen über nicht anwesende Personen. Da wird gejammert, geschimpft und geklagt über den Kollegen, den Chef, die Firma, den Staat, das Schicksal oder sonst etwas. Am Ende eines solch negativen Geschwätzes steht nicht etwa eine brauchbare Lösung oder Verbesserung, sondern meist nur innere Leere und Unbehagen. Da Worte Energien sind, ist es nicht belanglos, was wir sagen oder hören. Es setzt Schwingungen in uns frei, die entsprechend konstruktiv oder destruktiv auf uns wirken. Reden wir also positiv über Dritte, so entstehen positive Schwingungen, die nicht nur uns, sondern allen, die in Hörweite kommen, gut tun.

Übung:

Beobachten Sie sich selbst bei Gesprächen mit anderen Menschen:

- Welche Aussagen vermitteln Sie?

- Pflegen Sie eine positive Sprache oder drücken Sie sich oft negativ aus (z.B. Schimpfworte, Kritik, sich beklagen usw.)?

- Mit welchen Menschen unterhalten Sie sich gerne? Mit welchen nicht?

- Heulen Sie mit den Wölfen oder haben Sie den Mut, wenn schlecht über Dritte geredet wird, das Thema zu wechseln und das Gespräch in eine konstruktive Richtung zu lenken?

3. Umgeben Sie sich mit Optimisten

Schützen Sie sich vor den Pessimisten. Sie leben nach dem Motto: Wenn ich etwas Schlimmes voraussetze, dann kann es mich, wenn es tatsächlich eintritt, nicht mehr erschüttern. Sie verbreiten darum nicht nur durch ihr Denken und Reden eine negative Stimmung, sie handeln auch entsprechend. Überall sehen sie Probleme und Nachteile. Selbst beim schönsten Sonnenschein reden sie den Regen herbei und fordern, dass wir uns mit Regenschirmen ausrüsten. Solche Menschen tun uns nicht gut. Darum umgeben Sie sich mit Optimisten! Mit Menschen, mit denen das Zusammenleben und -arbeiten Spaß macht. Die selbst Lebensfreude verbreiten. Die Zuversicht ausstrahlen, die ansteckt. Optimisten sind Menschen, die immer das Licht am Ende des Tunnels sehen und uns ermutigen, voranzugehen, den Kopf hoch zu halten und das Positive auch in einer schwierigen Situation zu sehen.

Übung:

Welche Menschen in meiner Umgebung erlebe ich als ermutigend und beflügelnd?

Wen in meiner Umgebung empfinde ich als Pessimisten?

Wie reagiere ich, wenn ich mich durch die destruktive Haltung einer Person belastet fühle?

Wie schätze ich mich selbst ein? Bin ich für meine Umgebung eher ein Pessimist oder ein Optimist?

Alle Lebewesen außer den Menschen wissen, dass der Hauptzweck des Lebens darin besteht, es zu genießen.

Samuel Butler

Das Leben genießen

Mit allen Sinnen wahrnehmen

Unsere Sinne stimulieren und aktivieren unsere Lebensfreude sehr direkt – wenn wir es zulassen und wahrnehmen wollen. Unsere Sprache hat dafür passende Ausdrücke geprägt. So ist eine Delikatesse eine Gaumenfreude, ein schönes Bild eine Augenweide. Musik, die uns gefällt, ist ein Ohrenschmaus, zärtliche Berührungen lassen uns wohlig erschauern, und der Duft eines Parfüms kann uns betören. Leider schlingen wir zu oft unser Essen hinunter, starren gedankenverloren ins Nichts und sind so mit uns beschäftigt, dass wir wie taub nichts hören. Lebensfreude beginnt damit, dass wir das Leben bewusst genießen mit all unseren Sinnen.
Ein paar einfache Regeln unterstützen uns dabei:

1. ***Genießen wollen:*** Es ist keine Sünde, die sinnliche Vielfalt dieser Erde als Geschenke des Himmels in vollen Zügen zu genießen.

2. ***Sich Zeit nehmen:*** Jede Art von Genuss will sich entfalten und braucht dafür Raum und Zeit.

3. ***Atmosphäre schaffen:*** Lebensfreude wird auch durch die Umgebung und die damit verbundene Atmosphäre beeinflusst. Mit Phantasie und

gutem Geschmack lässt sich ohne großen Aufwand eine Stimmung schaffen, die beschwingt und den Anlass aufwertet. So verzaubern zum Beispiel eine Kerze, ein liebevoll gedeckter Tisch und passende Musik ohne großen Aufwand ein normales Essen in ein stimmungsvolles Dinner.

4. ***Qualität anstatt Quantität:*** „Weniger, dafür aber gut!" soll die Devise lauten. Menge allein erschlägt unsere Sinne und führt zur Gewohnheit und dadurch zu Langeweile. Wer auch den kleinen Dingen des Alltags Qualität gibt, kann sein Leben erst wirklich genießen.

5. ***Die Sinne entfalten:*** Sich hingeben und alle Facetten bewusst schmecken, hören, riechen, sehen und fühlen.

6. ***Genuss teilen:*** Gemeinsam genießen, zusammen mit anderen Menschen sich an Dingen erfreuen erhöht Genuss und Lebensfreude.

Wer bewusst und aufmerksam die Schönheit und Fülle des Lebens genießt, verfeinert seine Sinne und wird zum echten Genießer, der die Qualität immer der Masse vorziehen wird. Genussvolle Lebensfreude ist nicht eine Frage des Geldes, sondern ein Ausdruck der inneren Einstellung und der eigenen Lebenskultur.

Das Leben gestalten

„Wir sind, was wir tun!" Lebensfreude ist eng mit unserem Tun verbunden. Lust und Frust hängen aber nicht nur davon ab, *was* wir tun, sondern ebenso von dem, was wir *nicht* tun, aber gerne machen möchten. Wie oft hören wir uns selbst sagen: „Ich würde so gerne..." mit dem Nachsatz: „... aber leider habe ich keine Zeit" oder „... mein Partner, meine Partnerin will nicht."
Die meisten dieser Hindernisse erscheinen bei näherer Betrachtung nicht unüberwindbar, wenn wir uns selbst mehr ins Zentrum stellen und nicht aus falscher Rücksicht auf unsere Umgebung verzichten. Sollten wir das Gefühl haben, in der Gestaltung unseres Lebens eingeschränkt zu sein, dann ist es Zeit, dass wir uns selbst ein Stück Lebensqualität zurückholen. Wir haben ein Recht, das zu leben, was wir sind. Beginnen wir also wieder damit, das zu tun, was uns entspricht und Ausdruck unserer Persönlichkeit ist. Wir steigern damit die Lebensqualität und die Lebensfreude.

Übung: Beantworten Sie die nachfolgenden Fragen. Überlegen Sie sich, ob Sie jemandem Schaden zufügen, wenn Sie die nachstehend aufgeführten Ideen realisieren. Ist dies nicht der Fall, dann haben Sie ein Recht darauf, Ihre Wünsche und Bedürfnisse in die Tat umzusetzen.

Was möchten Sie unternehmen?

Was wollten Sie sich schon lange gönnen?

Was möchten Sie tun, um Ihren Alltag so zu gestalten, dass er vermehrt Ihre Handschrift trägt?

Mit wem möchten Sie gerne etwas gemeinsam unternehmen?

Man muss vor nichts im Leben Angst haben, wenn man seine Angst versteht.

Marie Curie

Wie Sie Ängste auflösen und die Lebensfreude zurückgewinnen

Was ist der größte Feind der Lebensfreude? Es ist die Angst. Sie frisst jede Fröhlichkeit und Unbeschwertheit auf. Da es tausend Arten von Ängsten gibt, wird jeder Mensch gelegentlich von ihnen heimgesucht. Allen gemeinsam ist, dass sie komplexe emotionale Reaktionen auslösen. Vom einfachen Unbehagen bis zur schlaflosen Nacht und zu Panikzuständen mit Schweißausbrüchen und Atemnot.
Wie gelingt es, mit den Ängsten konstruktiv umzugehen? Wie können wir den inneren Druck abbauen und unsere beschwingte Heiterkeit, die der Lebensfreude eigen ist, wieder zurückgewinnen? Wie lässt sich die Angst durch Zuversicht und Freude am Leben ersetzen?

Die nachfolgenden ***fünf Übungsschritte*** sollen helfen, uns von den Ängsten zu befreien, die uns die Lebensfreude nehmen.

1. Schritt: Stehen Sie zu Ihrer Angst

In der Öffentlichkeit wird oft so getan, als ob man immer alles im Griff habe. Deshalb lautet die stereotype Antwort auf die Begrüßungsfrage „Wie geht's?" praktisch immer „Gut!", selbst bei größter seelischer Not. Das Eingeständnis „Nicht so gut" gilt in unserer Gesellschaft als Zeichen von Schwäche. Und wir möchten doch alle stark und furchtlos erscheinen.

Es gibt aber Dinge in unserem Leben, die Angst machen. Es macht Angst, wenn die Arbeitsstelle aufgehoben zu werden droht oder wenn wir zu wenig Aufträge bekommen. Es macht Angst, wenn wir Beziehungsprobleme haben und befürchten müssen, einen geliebten Menschen zu verlieren. Es macht Angst, vielleicht von einer schweren Krankheit betroffen zu werden. Ängste dieser Art sind völlig normal und verständlich.

Darum ist es falsch, sie zu verdrängen. Denn sie sind auch da, wenn wir so tun, als ob wir sie nicht hätten. Wir mögen sie vielleicht tagsüber vor der Umwelt verstecken. Aber in der Nacht steigen sie aus unserem Innersten hoch und tauchen in unseren Träumen auf oder halten uns wach. Deshalb ist das Eingeständnis und das Analysieren der Angst ein erster wichtiger Schritt zu ihrer Überwindung.

Übung:

Wovor habe ich Angst?

Was ist das Schlimmste, das mir widerfahren könnte?

Was wären die Konsequenzen für mich, wenn all das einträfe, was ich befürchte?

Was wären die Konsequenzen für meine Nächsten?

2. Schritt: Holen Sie sich Unterstützung

Wenn wir unsere Ängste eingestehen und sie offen analysieren, dann ist das ein erster wichtiger Schritt in die richtige Richtung. Darüber hinaus benötigen wir aber auch den Rückhalt von Menschen, die uns nahe sind.

Nie brauchen wir die emotionale Geborgenheit mehr als in Momenten der großen Unsicherheit, des Zweifels, der Angst. Was wir in einer solchen Zeit nötig haben, ist jemand, der bei uns ist, uns zuhört, uns versteht, klare, ehrliche und einfühlsame Antworten auf unsere Fragen gibt und uns angemessen hilft.

Übung:

Auf wen kann ich zählen, wenn es mir mal schlecht geht?

Wie ehrlich beschreibe ich meine tatsächliche Situation?

Wie gut können andere auf mich und meine Unterstützung zählen?

3. Schritt: Lösen Sie Druck und Beklemmung

Durch richtiges Atmen, verbunden mit der Visualisierung von positiven Bildern, können beklemmende Gefühle und Spannungen, die durch Ängste verursacht sind, abgebaut werden. Wie harmonisches Atmen Verspannungen löst, können Sie nochmals auf Seite 28 nachlesen.

Nun wollen wir zusätzlich die Technik der Visualisierung einsetzen.

Innere Bilder sind eine gewaltige Macht. Eine alte Weisheit sagt: Du wirst, was du denkst! Die Realität mag uns bedrücken und düstere Gedanken uns belasten. Aber wir tragen auch alle Voraussetzungen für gute Lösungen und für ein beschwingtes Dasein voller Lebensfreude in uns. Alles, was wir tun sollen, ist, den Kreis der grauen und wenig fruchtbaren Gedanken zu durchbrechen und unsere lebensbejahende und aktive Innenwelt wieder zuzulassen.

Dabei kann eine Technik, die Visualisierung genannt wird, sehr hilfreich sein.

Die nachfolgende Übung zeigt Ihnen, wie Sie diese Technik in Kombination mit der oben erwähnten Atemübung einsetzen können. (Beachten Sie dazu auch den Anhang ab Seite 90.)

Übung:

- Setzen Sie sich gerade auf einen Stuhl. Lassen Sie die Schultern fallen und die Arme seitlich an Ihrem Körper herunterhängen. Stellen Sie die Füße parallel auf den Boden, so dass Sie mit beiden Fußsohlen den Boden spüren.

- Halten Sie den Kopf ganz leicht nach vorne geneigt, so dass Ihre Augen auf einen Punkt etwa vier Meter vor Ihnen auf den Boden gerichtet sind. Schließen Sie jetzt die Augen.

- Atmen Sie langsam und aktiv *aus* und hören Sie nicht auf auszuatmen, bis Sie langsam auf drei gezählt haben. Stellen Sie sich vor, dass mit jedem Ausatmen Spannungen aus Körper und Geist weichen.

- Atmen Sie langsam und tief ein. Achten Sie darauf, dass Sie den Atem frei einströmen lassen und die Luft nicht in die Lungen pressen.

- Atmen Sie langsam wieder aus und zählen Sie dabei auf fünf. Beobachten Sie, wie Ihr Atem ruhig fließt. Lassen Sie dabei die Spannung in den Schultern los und fühlen Sie, wie Sie immer gelöster werden.

- Stellen Sie sich bildlich vor, wie mit jedem Ausatmen ein Stück der inneren Beklemmung (Ängste, Frustration, Niedergeschlagenheit) austritt. Nehmen Sie sich Zeit. Atmen Sie so lange die negativen Energien aus, bis Sie sich befreit fühlen.

- *Visualisieren Sie mit geschlossenen Augen einen Ort, wo Sie sich geborgen, sicher und glücklich fühlen.* Malen Sie sich den Ort vor Ihrem inneren Auge aus, bis das Bild genau Ihrem Wunschort entspricht. Bleiben Sie so lange in diesem Bild, bis Sie sich vom guten Gefühl erfüllt fühlen.

- Achten Sie auch darauf, wer mit Ihnen in dieser Welt der Geborgenheit und Lebensfreude lebt. Vielleicht entdecken Sie jemanden, an den Sie bis jetzt gar nicht gedacht haben und der Ihnen hilfreich sein kann.

- Verankern Sie das Bild dieses beglückenden Ortes und das positive Gefühl, das Sie empfunden haben, fest in Ihrem Bewusstsein.

- Öffnen Sie die Augen. Strecken Sie sich. Bewegen Sie kreisförmig Ihre Schultern nach vorne und dann nach hinten.

- Stehen Sie auf und schütteln Sie Ihre Arme und Beine. Dann atmen Sie stehend nochmals zuerst aus und dann ein.

Lassen Sie dieses Bild in sich aufsteigen, wann immer Sie mögen. Denken Sie vor allem morgens nach dem Aufwachen und abends vor dem Einschlafen an Ihren wunderbaren Ort der Freude und Zufriedenheit. Es wird nicht nur Sie in Ihrer Lebensfreude beflügeln, sondern Sie werden diese positive Energie so ausstrahlen, dass auch andere davon berührt werden.

4. Schritt: Lassen Sie sich Zeit

In Zeiten von Druck und Anspannung ist es schwierig, richtig zu denken und zu handeln. Zwar wissen wir, was wir *nicht* wollen oder vermeiden möchten. Nur wissen wir oft nicht, was wir wollen und wie wir es schaffen, uns aus dieser schweren Situation zu befreien. Auch wenn wir jemanden um Rat fragen, so spüren wir, dass nur wir allein eine Entscheidung treffen können. Denn wir tragen die Verantwortung für unseren Weg letztlich selbst.
Die nachfolgende Übung kann dabei hilfreich sein.

Übung:

Wie sehe ich heute meine Situation?

Nehmen Sie Papier und Schreibzeug und skizzieren Sie Ihre heutige Situation mit allen beteiligten Personen, Orten und wichtigen Details. Versuchen Sie, auch die Gefühle darzustellen, die mit den Personen und Dingen verbunden sind.

Nehmen Sie sich Zeit! Lassen Sie Ihre Zeichnung immer wieder auf sich wirken. Stimmt das Bild so, wie Sie es gezeichnet haben? Verändern Sie das Bild so lange, bis es mit Ihrem inneren Gefühl übereinstimmt und Sie sagen können: „Ja, so ist meine Situation heute!“

Wie soll meine zukünftige Situation aussehen?

Zeichnen Sie jetzt, am besten in einer anderen Farbe, das Bild, wie Sie Ihre zukünftige Situation haben möchten. Was soll anders sein? Was verschafft mir mehr Lebensfreude und mehr Lebensqualität? Nehmen Sie dazu ein neues Blatt. Lassen Sie sich durch Ihr Unterbewusstsein leiten. Nehmen Sie sich Zeit! Lassen Sie Ihr Bild sich langsam entwickeln. Damit nicht irgendein Bild entsteht, sondern das Bild, das die richtige Lösung enthält. Zeichnen Sie alles, was in Ihnen aufsteigt, ohne es zu bewerten.

Wenn Ihre Zeichnung fertig ist, betrachten Sie Ihr Werk und überlegen Sie sich, wie Sie das Resultat in einen einfachen Satz kleiden könnten. Schreiben Sie diesen auf, damit Sie Ihre Erkenntnis festhalten und jederzeit wieder abrufen können.

Meine Erkenntnis:

Überlegen Sie sich nun, was Sie konkret unternehmen wollen, um Ihr inneres Lösungsbild zu verwirklichen. Erst durch Handeln werden die Hindernisse überwunden und kehrt Zuversicht zurück. Darum sollten Sie folgende Entscheidungen treffen:

Was will ich bis wann tun?

Was brauche ich dazu? Welche Mittel will ich einsetzen?

Wer kann mir dabei helfen?

Wie überprüfe ich meine Fortschritte?

5. Schritt: Trainieren Sie Ihren Mut

Als Kind war ich sehr ängstlich. Ich erinnere mich noch genau an die Turnstunde. Ich hätte die Sprossenwand nach oben klettern und mich mit dem Rücken zur Wand auf die oberste Sprosse setzen sollen. Vor lauter Angst herunterzufallen, schaffte ich es nicht, mich zu drehen und hinzusetzen. Ich weinte, der Turnlehrer schimpfte ungeduldig und die Klassenkameraden lachten mich aus.

Jede Turnstunde war für mich ein Albtraum – bis meine Mutter eingriff. Wir begannen zu Hause mit einem Training: Meine Mutter holte die große Bockleiter und wir begannen, ganz vorsichtig und langsam und ohne Druck. Tritt für Tritt stieg ich nach oben. Natürlich kroch ab einer gewissen Höhe wieder die Angst in mir hoch, besonders wenn die Leiter unter meinen Bewegungen vibrierte. Aber ich schaffte es. Stufe um Stufe. Bis ich mich zu guter Letzt auf den obersten Tritt hinzusetzen wagte. Da saß ich nun zuoberst auf der Leiter, direkt unter der Decke, und schaute voller Stolz auf die Welt hinunter.

Noch heute kann ich keine Turnhalle betreten, ohne dass mein Blick sofort auf die Sprossenwand fällt. Sie hat mich eine der wichtigsten Lektionen in meinem Leben gelehrt: Du kannst deine Ängste bezwingen, wenn du ihnen nicht ausweichst, sondern aktiv daran arbeitest, sie zu überwinden!

5.1. Trainieren = Tun!

Angstgefühle lassen sich durch Üben beseitigen. Aber wir müssen es wollen! Durch die Sicherheit, die wir Schritt für Schritt gewinnen werden, festigen wir das Vertrauen in unser Können und Tun und stärken damit das Selbstwertgefühl. Wir verschaffen uns die Möglichkeit, so zu handeln, wie wir gerne möchten, weil wir nicht mehr durch unsere Ängste eingeschränkt werden.
Auch wenn die Angstgefühle nicht auf Anhieb verschwinden: Geben Sie nicht auf! Sie werden es schaffen!

5.2. Stufe um Stufe

Erinnern Sie sich noch, wie Sie schwimmen gelernt haben? Wir wurden Schritt für Schritt ans freie Schwimmen im tiefen Wasser herangeführt. Die Zeiten waren glücklicherweise vorbei, als man nach ein paar Trockenübungen einfach ins Wasser geworfen wurde, mit der steinzeitlichen Überlegung, wer nicht ertrinken will – schwimmt. So helfen uns beim Lösen von Angst machenden Prozessen auch ein paar trockene Ratschläge nicht. Was wir benötigen, ist ein Lernprozess, der uns Stufe um Stufe befähigt, unsere Situation zu meistern.
Beim Schwimmen lernten wir zuerst den Kopf unter Wasser zu halten, um uns vor dem Wasser selbst nicht mehr zu fürchten. Symbolisch bedeutet dies nichts anderes, als sich zu überwinden, das Problem oder die Situation, die

uns Angst macht, anzunehmen und zu akzeptieren, so wie sie sich zeigt. Dann halfen uns Schwimmringe, den Kopf über dem Wasser zu halten, damit wir lernen konnten, unser Gezappel zu koordinieren und zu synchronen Schwimmbewegungen umzuformen. Im übertragenen Sinne bedeutet dies nichts anderes, als *Hilfe* anzunehmen, die uns beim Bewältigen unserer Ängste unterstützt, damit wir erfolgreiche Verhaltensweisen entwickeln können.
In der dritten Phase lernten wir in niedrigem Wasser, wo wir jederzeit auch stehen konnten, ohne Hilfsmittel frei zu schwimmen. Auf unseren Umgang mit Ängsten bezogen bedeutet dieser dritte Schritt, sich ohne fremde Unterstützung mit Problemen so auseinander zu setzen, dass wir dabei nicht den Boden unter den Füßen verlieren und dadurch allenfalls in Panik und damit wieder in unsere alten Muster zurückfallen. Erst als wir beim Schwimmen ohne zu stehen durch das Wasser paddeln konnten, kam der große Moment, wo wir mit mutigem Sprung ins tiefe Wasser sprangen und (endlich) frei schwammen.

Genauso verläuft der Prozess im Umgang mit unseren Ängsten. Erst wenn wir uns Schritt für Schritt in die Tiefe unserer Probleme wagen, können wir sie auch (endlich) lösen. Es wird uns – wie damals als Kinder – mit großem Stolz, Genugtuung und neuer Lebensfreude erfüllen.

5.3. Einmal ist keinmal: den Mut festigen

Wenn Sie Ihr Ziel erreicht haben, ist es wichtig, sehr schnell dieses Erfolgserlebnis zu wiederholen. Unser Unterbewusstsein ist sehr trickreich und wird uns bald wieder verunsichern wollen. Es sind die letzten Angstbotschaften, die sich bemerkbar machen. Darum wiederholen Sie Ihren Erfolgsschritt baldmöglichst, damit sich das neue positive Erlebnis verankern kann. Versetzen Sie sich in eine Erfolgsstimmung, indem Sie laut sagen: „Ich schaffe es, ich kann es!“ Ihr Mut wächst dadurch, Ihre Ängste verlieren sich, und damit wird Ihr neues Verhalten selbstverständlich.

5.4. Sich selbst loben und belohnen

Jedes Mal, wenn Sie einen Schritt vorwärts gekommen sind, dürfen Sie sich zu Ihrem Erfolg beglückwünschen.

Übung:

- Stellen Sie sich dazu vor den Spiegel und schauen Sie sich ins Gesicht und sagen Sie laut: „Das hast du gut gemacht. Du bist auf dem richtigen Weg. Weiter so!“

- Nicken Sie sich selbst anerkennend zu und freuen Sie sich über dieses Lob. Denken Sie daran: Verdientes Lob (auch wenn es von Ihnen selbst stammt) ist Balsam für die Seele!

- Dann sollten Sie sich überlegen, womit Sie sich für Ihre gute Leistung selbst belohnen wollen.

Loben und Belohnen setzen in Ihrem Unterbewusstsein ein positives Signal. Es beflügelt Sie, nicht auf den Lorbeeren auszuruhen, sondern weiterzumachen.

Viele Menschen versäumen das kleine Glück, während sie auf das große vergebens warten.

Pearl S. Buck

Das Geheimnis der Lebensfreude

Kann man Lebensfreude selbst entwickeln und beeinflussen? Oder ist sie einfach ein Geschenk des Himmels? Ganz im Sinne von: Der eine hat sie, der andere eben nicht. Zum Glück ist Lebensfreude ein Gefühl, das in jedem Menschen schlummert und sich danach sehnt, erweckt zu werden. Was lässt in unserem Herzen Lebensfreude entstehen? Das Geheimnis, Lebensfreude als Grundschwingung des eigenen Lebens zu entwickeln, ist einfach und trotzdem so schwer zu leben. Es besteht in den vier Fähigkeiten Lieben, Vertrauen, Tun und Genießen.

Lieben

Lieben ist immer auch mit Lebensfreude verknüpft, weil es beschwingende Energien in uns freisetzt. Wobei mit Lieben die Fähigkeit gemeint ist, eine intensive gefühlsmäßige und als positiv empfundene Beziehung zu anderen Menschen aktiv zu leben. Lieben ermöglicht „geteiltes Leid als halbes Leid“ zu empfinden und insbesondere „geteilte Freude als doppelte Freude“ zu erleben. Lieben bedeutet zudem, die Umwelt mit ihren Tieren, Pflanzen und Dingen bejahend wahrzunehmen. Wirklich zu lieben, öffnet auch die Augen für die Schönheit dieser Welt in allen ihren Facetten und Eigenarten. Denn Lebensfreude liebt!

Vertrauen

Das Gegenteil von Angst ist Vertrauen. Gemeint ist das Vertrauen in die Urenergie des Lebens – in eine höhere Macht, von der wir glauben, dass sie uns liebt und uns den freien Willen lässt, unser Leben so zu gestalten, wie wir es wollen. In allen Religionen ist von dieser Urkraft die Rede. Wenn wir uns öffnen und mit ihr in unserem Innern in Verbindung treten, so trägt sie uns durch schwere Zeiten, schenkt uns immer wieder Hoffnung, Zuversicht und das Selbstvertrauen, das uns mutig handeln lässt. So können wir – unserer inneren Führung vertrauend – beschwingt und entspannt der Zukunft entgegensehen. Denn dieses Vertrauen schafft Lebensfreude!

Tun

Lebensfreude erzeugt Energien, die sich in aktivem Handeln ausdrücken wollen. „Der Mensch wird das, was er tut“, sagt der französische Philosoph Jean-Paul Sartre. Wenn wir also aus Lebensfreude heraus aktiv sind, tragen unsere Taten die positive Energie der Lebensfreude in sich. Gleichzeitig entsteht daraus ein dynamischer Kreislauf: Das Tun stimuliert die Lebensfreude – die Lebensfreude wiederum das Tun. Jeder Mensch, der etwas leistet, kennt die große Befriedigung, die einen nach getaner Arbeit erfüllt und zu neuen Taten beflügelt. Insbesondere wenn wir uns niedergeschlagen und deprimiert fühlen, werden wir durch konkretes und konsequentes Tun die Lebensfreude wieder zurückgewinnen. Denn Lebensfreude handelt!

Genießen

Die Fähigkeit, das Leben zu genießen, scheint vielen Menschen verloren gegangen zu sein. Die heutige Hektik lässt kaum Muße zu, und die Zeit zum ruhigen Genießen fehlt. Mit immer stärkeren Reizen wird dieses Manko zu kompensieren versucht. Das meiste wird konsumiert – weniges wirklich genossen. Dabei ist „Fähigkeit des Genießens ein wichtiger Teil des Ziels, glücklich zu werden und zu bleiben", wie Sigmund Freud es ausdrückte. Dazu gehört das Vermögen, die uns gegebenen Dinge lustvoll und achtsam zugleich anzunehmen und auszukosten. Die Kunst des Genießens belebt alle unsere Sinne und unseren Verstand. Unsere Sinne, um die Vielfalt und den Reichtum der Dinge in ihrer ganzen Fülle überhaupt wahrzunehmen. Unseren Verstand, um frei zu wählen und nicht abhängig, ja süchtig zu sein. Genießen ist deshalb auch nicht eine Frage des Geldes, sondern der inneren Einstellung und damit Auslöser für ein intensives, freudiges und genussvolles Leben.

Lieben
Vertrauen
Geniessen
Tun
LEBENSFREUDE

Zusammenfassung

Unsere Lebensfreude hängt weniger von äußeren Dingen ab als von unserer Einstellung. Es sind unsere Gedanken, die bestimmen, ob wir ein Problem als Belastung oder als Chance empfinden. Das Geheimnis der Lebensfreude besteht letztlich darin, die Welt liebevoll zu betrachten, mit ihr zu leben und nicht gegen sie zu kämpfen.
Doch das fällt uns nicht immer leicht. Umso mehr, wenn wir häufig mit negativen Einflüssen und Botschaften konfrontiert werden, die unsere Stimmung niederdrücken. Ebenso benötigen wir viel innere Kraft, um von den vielfältigen Ängsten im Alltag nicht gelähmt zu werden.
Lebensfreude will als Lebensenergie in uns schwingen. Es ist darum wichtig, den Strom unserer eigenen Energien fließen zu lassen und sie nicht zu blockieren. Ebenso elementar ist es, die Rollen, die wir in unserem Leben ausfüllen, so zu gestalten, dass sie uns voll und ganz entsprechen und uns Freude bereiten. Um sich im Alltag immer wieder selbst auf Kurs zu bringen und seine Lebensfreude lebendig zu halten, bedürfen wir der vier Fähigkeiten zur Lebensfreude, nämlich Lieben, Vertrauen, Tun und Genießen.
Sie sind der Schlüssel zur beschwingten Leichtigkeit unseres Daseins.

Anhang (Visualisieren)

Was ist Visualisieren?

Visualisieren bedeutet aktives Sehen mit dem inneren Auge und ist etwas ganz Natürliches, denn wir denken immerzu in Bildern. Beim Visualisieren tauchen wir nicht einfach in eine Phantasiewelt ein, sondern wir sehen Dinge, die unsere Seele uns mitteilt. Visualisieren hat große Ähnlichkeit mit dem Träumen, außer dass wir beim Visualisieren im *wachen Zustand* innere Bilder hervorholen. Dadurch können wir aus unserem Unterbewusstsein Informationen abrufen, die wir mit normalem Denken nicht erschließen können. Diese Bilder können die Gestalt von Personen, Tieren, Räumen oder abstrakten Symbolen annehmen. Zudem werden sie direkt als Gefühle und Energien erfahrbar.

Wo wird Visualisierung eingesetzt?

Neben vielen Anwendungen im Bereich der psychologischen Therapie wird sie auch in der Medizin eingesetzt. Vor einigen Jahren hat auch der Spitzensport die Macht der inneren Bilder entdeckt. Visualisieren ist heute fester Bestandteil des Mentaltrainings von Athleten.

Welche Probleme können beim Visualisieren auftreten?

Wer mit dem Visualisieren neu beginnt, braucht oft Geduld, bis sich die inneren Bilder einstellen. Es scheint, dass das Unterbewusstsein sich zuerst daran gewöhnen muss, diesen Informationsweg zu nutzen. Mit jeder Übung bauen sich die inneren Bilder schneller und deutlicher auf.

Was tun, wenn keine inneren Bilder auftauchen?

Es kann auch sein, dass für einmal kein Bild, keine passende Information aufsteigt, obwohl wir zuvor schon einige Male erfolgreich visualisiert haben. Meist ist dies ein Zeichen, dass eine innere Blockade besteht, die zurzeit nicht gelöst werden kann.

Es kann sein, dass unser Unterbewusstsein sich vor dem Offenlegen der inneren Informationen fürchtet und daher einen Riegel schiebt oder dass unser Verstand sich dagegen wehrt, weil er die Kontrolle nicht abgeben möchte. In diesem Fall lohnt es sich, zuerst die Atemübung zu wiederholen, bis wir ganz gelöst und ruhig sind. Dann geben wir uns selbst die Erlaubnis, alle inneren Bilder und Informationen, die uns weiterhelfen können, zuzulassen.

Was ist noch zu beachten?

Nach jedem Visualisieren ist es wichtig, die Augen zu öffnen, sich von den inneren Bildern zu verabschieden und wieder bewusst in die Wirklichkeit zurückzukehren. Es ist vorteilhaft, nach der Übung aufzustehen, sich zu bewegen, Wasser zu trinken oder etwas zu essen und sich wieder ganz in der Gegenwart zu verankern.

Anhang (Atemübungen)

Der Ursprung des Atmens als therapeutisches Mittel stammt aus den alten fernöstlichen Kulturen. Schon vor über tausend Jahren wurde erkannt, dass eine gesunde Atmung Verspannungen löst, das körperliche Wohlbefinden erhöht und die seelische Befindlichkeit ausgleichen und verbessern kann.

Was ist richtiges Atmen?

Atmung und körperliche beziehungsweise psychische Befindlichkeit hängen eng zusammen. Es ist unmöglich, einerseits ruhig und entspannt zu atmen und andererseits aufgeregt zu sein. Darum bestimmt die Art der Atmung auch den Spannungs- beziehungsweise Entspannungszustand unseres Körpers. Die richtige Atmung ist die Vollatmung (Brust- und Zwerchfellatmung). Sie ist die effizienteste Form des Atmens. Zuerst hebt sich die Bauchdecke (Zwerchfellatmung), dann weiten sich der untere Brustkorb (Flankenatmung) und der Rücken (Rückenatmung), schließlich heben sich die Schultern (Schlüsselbeinatmung), so dass der ganze Atemraum vom Zwerchfell bis zum obersten Lungenbereich gefüllt wird. Ein ergiebiger tiefer Atemzug steigt somit immer von unten, aus dem Bauch heraus, nach oben bis in die Lungenspitzen. Anschließend wird sofort ausgeatmet. Die Atmung gleicht einer Wellenbewegung. Durch das richtige Atmen wird der ganze Körper so entspannt, dass auch eine Entspannung der Gesichtsmuskulatur eintritt. Eine entspannte Gesichtsmuskulatur trägt zur besseren Durchblutung der Sinnesorgane bei, was sich positiv auf Wahrnehmungsvermögen und Konzentration auswirkt und zugleich eine beruhigende Wirkung hat.

Warum haben wir die richtige Atmung verlernt?

Stress, Bewegungsmangel, aber auch äußere Faktoren wie Luftverschmutzung oder Lärm führen dazu, dass wir oft sehr flach atmen und die Bauchatmung, die Atmung mit dem Zwerchfell, nicht oder nur selten zulassen.

Warum ist Ausatmen wichtiger als Einatmen?

Durch das Ausatmen werden die Lungenbläschen von verbrauchter Luft befreit und es wird Platz für sauerstoffreiche Luft geschaffen.

Was ist noch zu beachten?

Der Körper muss gelöst und locker sein. Durch Verspannungen der Muskulatur wird die Atmung blockiert. Die Aufnahme von Sauerstoff reduziert sich dadurch drastisch. Es lohnt sich, auch außerhalb der Übungen seinen Atem zu beobachten und vermehrt ruhig und tief aus- und einzuatmen. Damit fördern Sie die Durchblutung des ganzen Körpers und regen den Stoffwechsel an.

Wenn Sie persönliche Unterstützung suchen

Sollten Sie Hilfe benötigen, weil Sie selbst nicht mehr weiterwissen, so suchen Sie als Erstes Ihren Hausarzt auf. Er wird sich um Sie kümmern und Sie bei Bedarf an eine Fachperson überweisen, die Ihren Fall kompetent übernehmen kann.
Wenn Sie ein bestimmtes Problem im Kreis von Menschen, die sich in einer ähnlichen Situation befinden, diskutieren und Ihre Erfahrungen austauschen möchten, können Sie sich an eine der Selbsthilfegruppen wenden. Das sind Gemeinschaften, die nicht nur Halt geben können, sondern auch Ideen und Lösungen entwickeln helfen, damit man sich im Leben leichter zurechtfinden kann. Sie sind vor allem für Menschen geeignet, die sich ohne Therapeuten mit konkreten Fragestellungen auseinander setzen wollen.

Adressen von Selbsthilfegruppen

Deutschland:

Unter der Website ***www.arzt-und-gesundheit.de/start-arzt-und-gesundheit/selbsthilfegruppen/index.htm*** kann eine Liste mit Kontaktangaben zu Selbsthilfegruppen heruntergeladen werden.

Schweiz:

Stiftung KOSCH

(Koordination und Förderung von Selbsthilfegruppen in der Schweiz)

Laufenstraße 12, CH-4053 Basel, Kontakttelefon: 0848 810 814

Österreich:

Unter der Website ***www.dr-med.com*** sind geografisch geordnet Adressen von Selbsthilfegruppen aufgeführt. Ebenfalls lässt sich über die Suchmaschine Google, Stichwort „Selbsthilfegruppen“, eine große Anzahl von entsprechenden Adressen finden.

Falls Sie direkt einen geeigneten Psychotherapeuten, eine Psychotherapeutin in Ihrer Nähe suchen, können Sie über die nachstehenden Adressen Informationen einholen

Deutschland:

Allgemeine Ärztliche Gesellschaft für Psychotherapie (AÄGP)

Postfach 22 12 80, D-41435 Neuss

Vereinigung der Kassenpsychotherapeuten

Riedsaumstraße 4a, D-67063 Ludwigshafen

Bundesverband der Vertragspsychotherapeuten (BVVP)
Schwimmbadstraße 22, D-79100 Freiburg

Bundesverband Deutscher Psychologen (BDP), Bundesgeschäftsführung,
Heilsbachstraße 22, D-53123 Bonn

Deutscher Psychotherapeutenverband (DPTV), Bundesgeschäftsstelle,
Bundesallee 213–214, D-10719 Berlin

Schweiz:

Föderation der Schweizer Psychologinnen und Psychologen (FSP)
Choisystraße 11, CH-3000 Bern 14

Psychotherapievermittlungsstelle des Schweiz. Psychotherapeuten-Verbandes
SPV, Weinbergstraße 31, CH-8006 Zürich

Österreich:

Österreichischer Bundesverband für Psychotherapie (ÖVP)
Rosenbursenstraße 8/3/7, A-1010 Wien

Landesverbände des ÖBVP:

Oberösterreichischer Landesverband
Coulinstraße 13/2, A-4020 Linz

Vorarlberger Landesverband
Frühlingstraße 8, A-6850 Dornbirn

Wiener Landesverband für Psychotherapie (WLP)
Rosenbursenstraße 8/3/7, A-1010 Wien

Autoren

Werner Troxler

* 24.02.1946, Dr. phil., Studium der Geschichte, Volkswirtschaft und Kommunikationswissenschaften an der Universität in Zürich. Weiterbildung in den Bereichen Psychologie und Philosophie.
Coach von Führungskräften und Leiter von Persönlichkeitsseminaren für Ärzte.
Gründer und Leiter des Beratungsunternehmens „Integral-Training“ in Zug.
Er forscht seit über 20 Jahren im Bereich der Persönlichkeitsentwicklung.
Zuletzt veröffentlichte er zusammen mit Frédéric Hirschi den Bestseller „BeziehungsKiste“ – eine Anleitung für eine bessere Kommunikation in der Partnerschaft (Pendo 1998) – sowie den „BeziehungsTest“ – ein viel beachtetes Arbeitsinstrument zur Sichtbarmachung des Potenzials in Ihrer Beziehung (Pendo 2001).

Frédéric Hirschi

* 8.06.1947, Studien und Ausbildung in Marketing, Management, Psychologie, Soziologie, Sozialpsychologie und Human Relations in Zürich, St. Gallen und Biel.
Er hat zwanzig Jahre als Berater und Mitinhaber eines Beratungsunternehmens für Marketing, Kommunikation, Motiv- und Trendforschung gearbeitet, bevor er seinen Beruf aufgab und nach einer Zeit der Selbstbesinnung heute seine Fähigkeiten im künstlerisch-kreativen Bereich umsetzt.
Seit 1994 Kunstschaffender und Gestalter in den Bereichen Kommunikation und Design.

Persönliche Bemerkungen:

Persönliche Bemerkungen:

Persönliche Bemerkungen:

Persönliche Bemerkungen:

Persönliche Bemerkungen: